klaus sauerbeck

lautlos lärmen gedanken

Bibliografische Information der Deutschen Nationalbibliothek:
Die Deutsche Nationalbibliothek verzeichnet diese Publikation in der Deutschen Nationalbibliografie; detaillierte bibliografische Daten sind im Internet über http://dnb.dnb.de abrufbar.

© 2017 Klaus Sauerbeck

Herstellung und Verlag: BoD – Books on Demand, Norderstedt

ISBN: 9783743191983

lautlos

lärmen

gedanken

gedichte
für die liebe gegen den hass
für das reden gegen das schweigen
für das aufstehen gegen das kriechen
für das erinnern gegen das vergessen

klaus sauerbeck

für
D, F, G, W

*goßartige
jugendjahre
durfte ich
mit euch teilen*

dafür danke ich euch

seite	titel
10	statt eines vorworts: vergiss den kleinen prinzen nicht
11	hommage – gedanken an reiner kunze
12	unglaublich
13	das blut der kinder
14	afrikas kinder
15	zu hause
16	meine tränen
17	meine träume
18	finger in wunden
19	anklage
21	bezichtigung
22	angst
23	sag mir
24	sieg heil?
25	der gruß
26	sieh auf das opfer
27	feiglinge
28	fremd
29	anders sein
30	verschwinden
31	ihr die ihr euch nennt

32	gedankenverpester
33	krieg
34	kindermund 1
35	kindermund 2
36	wirrköpfe
37	aufrecht gehen
38	tropfen auf stein
39	die meisten denken so
40	überflussgesellschaft
41	mahlzeit
42	reformer
43	hoffentlich nicht immer
44	für dich
45	liebeserklärung
46	meinen kindern
47	kindes fragen
48	fragt ihr kinder
49	familie
50	der freund
51	freude wiederfinden
52	kinderworte
53	lasst mir meine sehnsucht
54	barmherzigkeit
55	wer bin ich

56	flügel zu haben
58	dichterkrise
59	guter rat
60	freude
61	geh langsam
62	gute alte zeit
63	lautlos lärmen gedanken
64	unvernünftig
65	gott der liebe
66	gott sei tot
67	hättet iht gott
68	rätsel gottes
69	unfassbarkeit
70	fehler wagen
71	wenn es kalt ist
72	schneetreiben
73	karneval
74	der sonne entgegen
75	träume leben
76	unsere zeit
77	die rose
78	erinnerungen an einen unrechtsstaat
79	vergesst nicht
80	grenzöffnung 1989

81	1989
82	dank euch in neuen ländern
83	sieg
84	nachworte
85	hinausschreien
86	gewalt
87	freiheit
88	träume vollbringen
89	wunsch
90	zeit zu haben
91	träume
92	herzensworte
94	der autor
95	bücher von klaus sauerbeck

statt eines vorworts

vergiss den kleinen prinzen nicht

wenn du sehen willst
schließ die augen
und schau
mit dem herzen

du siehst dann besser

hommage

gedanken an reiner kunze

woher nur die kraft
solche gedichte zu schreiben
angesichts dessen
was du erlebt

oder gerade deshalb

deine texte ließen mich weinen
und stark werden

geh weiter deinen weg

vielleicht
finde ich dann
den meinen

unglaublich

fette hintern
wetzen
auf teuren ledersesseln

dicke wänste
wölben sich
unter seidenen westen

schleimiges grinsen
lässt blicken
auf goldene füllungen

und täglich
verhungern
kinder

das blut der kinder

die steine bejammern
das blut der kinder
im krieg

die unschuld weint
ihr wird leid angetan

große augen blicken fragend
und ohne verständnis

verwesung überdeckt
das mitleid

kadavergehorsam im
wahren sinn des wortes

HÖRT ENDLICH AUF!

afrikas kinder

dicke bäuche
vom wohlstand

oder
vom hunger

und afrikas kinder
weinen

zu hause

die mit dunkler haut
und krausem haar
sagst du
soll gehen
wohin sie gehört
ich sage dir

sie ist schon hier

meine tränen

ich schäme mich nicht
der tränen
die ich weine
für die opfer der kriege

doch die tränen
lindern nicht
mein
warum

meine träume

ich träume von
einer welt ohne unrecht
einer welt ohne armut
einer welt ohne hunger
einer welt ohne hass

ich träume von
gerechtigkeit für alle
wohlstand für alle
zukunft für alle
liebe für alle

ich träume davon
dass meine träume

wahr werden

finger in wunden

finger
zu legen
in wunden

aufgabe des dichters

doch auch
zu trösten
zu mahnen
zu ermutigen

finger
zu legen
in wunden

ist wichtig

ausreichend

ist es nicht

anklage

ich klage an
euch
die ihr euch macht
zum spieler
der zieht
an den fäden
der marionetten
die zu bewegen sich haben
wie er es will

nur

eure marionetten
sind menschen

bezichtigung

euch oberen
sage ich

ihr wisst
was recht ist
und tut dennoch
unrecht

das ist es
wessen ich euch bezichtige

zerrissene stille

die schwachen schreie
verhungernder kinder
zerreißen die stille
der nacht
der pracht
der macht

kinder
müsst ihr so schreien

angst

wir sollten
angst haben
vor dem tag
da die armen erkennen
und sich erheben

oder helfen

sag mir

stolz bist du
ein deutscher zu sein

sag mir
stiefelträger

wo ist die leistung

die deinen stolz begründet

sieg heil?

lest in den geschichtsbüchern
und lernt

noch ist zeit

der gruß

strecke nicht deinen arm
zum braunen gruß

lieber reiche deine hand
zur versöhnung

sieh auf das opfer

dein auge verkündet hass
dein arm lebt ihn

sieh auf das opfer
und ändere
deinen blick

feiglinge

die feiglinge
sind stark
nur in der überzahl

ich wünsche mir
zusammenhalt
um die feiglinge
in die schranken zu weisen

fremd

willkommen heiße ich dich
fremder
denn in der
fremde
bin ich der
fremde
und froh
willkommen geheißen
zu sein

anders ein

du hasst ihn
weil er anders ist
als du

jedoch

bist nicht du
anders
als er

verschwinden

fremde augen
fremdes haar
fremde haut
fremde sprache

verschwinden?

lieber der
der so denkt

ihr die ihr euch nennt

ihr die ihr euch nennt
wächter über wert und unwert
wer seid ihr
die ihr euch anmaßt ein recht
zu verurteilen
andersdenkende
andersseiende

wem gestündet ihr zu dieses recht
handelte es sich um euch

zerreißt nicht eure mäuler
hört auf
euch zu erhöhen

lieber seid still
und verseucht nicht
mit dem gift eurer rede
die gedanken derer
die fähig sind
zu lieben
und zu verstehen

gedankenverpester

geifer
aus stinkenden mäulern
verpestet
gedanken
und wohlwollen

hetze und hass
kriechen in
gesunde gehirne und
zersetzen
liebe

was bleibt ist
hoffnung

möge sie bleiben
und siegen

krieg

brechende augen
starren ins leere
suchen
nach sinn

vergeblich

kindermund 1

papa was ist entspannung
das ist
wenn man frieden macht
papa was ist aufrüstung
das ist
wenn man waffen macht
papa was ist besser
entspannung oder aufrüstung
entspannung mein sohn
und warum machen dann
alle waffen?

kindermund 2

papa
was ist wettrüsten
*das ist wenn jeder mehr
waffen machen will als der andere*
papa
warum macht man wettrüsten
um der stärkere zu sein
papa
warum will man der stärkere sein
um den krieg zu gewinnen
und warum macht man krieg?

wirrköpfe

wirrköpfe
befehlen krieg

männer müssen kämpfen
frauen müssen weinen
kinder müssen leiden
menschen müssen sterben

haltet endlich
die wirrköpfe auf

aufrecht gehen

ihr stromlinienförmigen -
schwimmt auch mal
gegen das wohlwollen

ihr jasager -
sagt auch mal nein

ihr angepassten -
seid endlich ihr selbst

ihr geduckten -
geht aufrecht

und verbiegt euch
nicht länger

es könnte euch bleiben

tropfen auf stein

tropfen zischen
auf glühendem stein
der liebe

ihr name ist
hass
sie bringen den stein

zum erkalten

die meisten denken so

die meisten
sagt ihr
denken so

ich sage euch
sie könnten dennoch
unrecht haben

überflussgesellschaft

die erzeugnisse sind zu vernichten
die weitere produktion
ist einzustellen
die preise könnten sonst fallen

und irgendwo verhungern kinder

mahlzeit

die kommission
zur linderung
des hungers auf erden
vertagt sich

essenspause

reformer

wieso nur
denke ich manchmal
reformen werden gemacht
von denen
die von den reformen
nicht betroffen sind

hoffentlich nicht immer

der klügere sagt man
gibt nach

hoffentlich nicht immer

die welt wird sonst beherrscht
von der dummheit

für dich

du bist mir so
selbstverständlich geworden
wie das atmen

selbstverständlich und
lebensnotwendig

ich kenne dich
du verstehst
meine liebeserklärung

liebeserklärung

miteinander schweigen
ohne peinlichkeit

miteinander streiten
ohne trennung

einander verstehen
ohne worte

einander annehmen
ohne vorbehalte

wahnsinn
wie sehr
ich dich liebe

meinen kindern

zu groß
zu tief
zu gewaltig
zu unbeschreiblich
meine liebe zu euch
um sie in worte zu fassen

kindes fragen

ach kind
immer wieder dein
warum
mit deinen wenigen jahren

wenn deine jahre
mehr sein werden
vergiss nicht
dein warum

fragt ihr kinder

fragt ihr kinder
niemals hört auf
zu fragen

und wenn sie euch
keine antwort geben

nehmt es als antwort

familie

ich will leben
mit euch
für euch

lebe ich doch
durch euch

der freund

*für d und f -
mit euch konnte ich
texte erleben*

dinge getan
die wir heute
besser verschweigen

tränen geweint
bei texten
die wir zusammen lasen

tränen gelacht
bei freuden
die wir gemeinsam genaßen

da gewesen füreinander
ohne zu fragen

wenn nötig
noch heute

freude wiederfinden

die freude des lebens
sagst du
sei dir abhanden gekommen

blick in große kinderaugen
dort wirst du sie wiederfinden

kinderworte

hör gut
auf die worte der kinder

nicht immer zart fühlend
sind sie doch
ehrlich

lasst mir meine sehnsucht

stehlt nie
meinem herzen
die sehnsucht

es wäre
als raubtet ihr mir
die luft zum atmen

barmherzigkeit

mann des wortes
sehe ich sprache
sich verändern

wörter sterben
und werden geboren

ewiges leben
wünsche ich mir
für das wort
barmherzigkeit

wer bin ich

wer bin ich
bei dir

wer bin ich
bei anderen

nie darf ich
ich sein

höchstens
manchmal
bei mir

flügel zu haben

flügel zu haben

zu fliehen
eure kleingeistigkeit
eure scheinmoral
und engstirnigkeit
und eure
verfluchte
selbstgerechtigkeit

zufrieden gelassen zu werden
von eurem maßnehmen
an euch selbst

einem maß
das innen so ganz anders
als nach außen dargestellt

vielleicht aber
aber kenne ich nicht euer maß

vielleicht will ich es
nicht kennen

vielleicht bin ich
keiner von euch

keiner für eure welt
geschaffen für anderes

wüsste ich nur wofür

wüsste ich es
vielleicht schaffte es mir

flügel

dichterkrise

immer leichter fällt es mir
gefühle zu heucheln

vielleicht fällt es mir deshalb
immer schwerer

zu schreiben

guter rat

einst las ich
man solle
vieles denken
wenig sagen
und am besten
nichts schreiben

jedoch frage ich

wie soll ich dann
meine botschaften
verkünden

freude

nicht am gewesenen
der vergangenheit
will ich mich freuen
sondern
an der ungewissheit
der zukunft

geh langsam

minuten jagen mich
hetzen mich
durch die stunden
die tage
das leben

ein freund sagt mir
wenn du es eilig hast
geh langsam

gute alte zeit

gute alte zeit
höre oft ich sagen

doch beschleicht mich
leiser zweifel
ob dieser güte

scheint es mir doch
als gelte jede zeit
als gut
ist sie nur
erst einmal
alt

lautlos lärmen gedanken

lautlos lärmen gedanken
kreisen um alles und nichts
bringen die seele ins wanken
zerstören und retten
die freude

erhellenden lichts

und willst du ergründen
das woher das wohin
siehst du nirgends sie münden

gedanken
ohne ziel ohne sinn?

unvernünftig

manchmal
freund
schalte aus
die vernunft

besinne dich
auf dein gefühl

und flieg davon

auf denn flügeln
deiner fantasie

gott der liebe

welch ein gott befiehlt dir
zu quälen zu töten zu morden
unschuldige abzuschlachten
mitzureißen in deinen eigenen tod

kein gott

verblendete gehirne
verhärtete herzen

gib dem gott der liebe
eine chance

gott sei tot

kürzlich sagte mir einer
gott sei tot

ich kann das nicht glauben

wie könnte das leben
tot sein

hättet ihr gott

ihr habt nicht gott
ihr habt bomben
habt nicht gefühl
habt verstand

macht das euch zum herrn
über leben und tod

ihr habt nicht liebe
ihr habt sex
habt nicht mitleid
habt hass

macht das euch zum herrn
über gefangenschaft und freiheit

hättet ihr doch lieber
statt bomben
gott

rätsel gottes

vielleicht sollten wir
bisweilen
weniger denken

hörte ich doch
von einem
klugen mann
er halte
die rätsel gottes
für größer
als die lösungen
welche menschen
zu denken
fähig sind

unfassbarkeit

alle erkenntnis
der wissenschaft
vermag nicht
zu erklären
die unfassbarkeit
der schöpfung
gottes

was bleibt
ist
glaube

fehler wagen

ich will es wagen
fehler zu begehen

waren sie es doch letztlich
die vorwärts brachten
die menschheit

wenn es kalt ist

wenn es kalt ist
draußen
und frostig
sieh zu
dass es warm ist

in dir

schneetreiben

flocken wirbeln durcheinander
wirbeln durcheinander
durcheinander
schneetreiben
durcheinander
oft genug
auch
im kopf

karneval

einmal sein
was man immer
schon sein wollte

anders sein
als man
eigentlich ist

manche sogar sind
das einzige mal
sie selbst

der sonne entgegen

so viel schatten
verdunkelt dein sein

sonne nicht sichtbar

such sie
und geh ihr entgegen

den schatten
lässt du dann
hinter dir

träume leben

lebe deine träume
mach sie wahr
nur
achte darauf
wach zu bleiben dabei
um deine träume
nicht zu verschlafen

unsere zeit

ratsam wäre es
sorgsam
umzugehen mit
unserer zeit

weiß doch
keiner von uns
wie viel davon
er hat

die rose

die rose sinnbild des schönen
die rose ausdruck des glücks
die rose anlass zur freude
die rose die stachelige

erinnerungen
an einen
unrechtsstaat

vergesst nicht

vergesst nicht was zu vergessen
sie euch befehlen

denkt daran woran zu denken
sie euch verbieten

nicht mit gewalt
mit worten bekämpft sie
mit worten wie freiheit

eines tages werden fallen
die mauern
die machen aus menschen
mäuse in fallen
gelockt mit speck
gefüttert mit dreck

eines tages werden stumpf sein
die waffen
und siegen die worte

worte wie freiheit

grenzöffnung 1989

die fast identischen glieder
der autokette
lassen mein herz springen

weiß ich doch

identisch vielleicht äußerlich
tatsächlich aber
individuell
und endlich
frei

1989

seid umschlungen ihr millionen
die ihr frei nun sprechen dürft

die gedanken sind frei
sie waren es immer

nun sind es auch die worte

seid willkommen schwestern brüder
und lasst uns hand in hand
der gemeinsamen zukunft
uns entgegenfreuen

dank euch in neuen ländern

dank euch in neuen ländern
die ihr euer leben wagtet
und eure freiheit hingabt
nicht aber euer denken

ohne euch wäre
die neue freiheit
utopie

dank euch wurde sie
wahr

dank euch

sieg

stahlköpfe aus ideologie
weichen der kraft
von freiheit und liebe

welch ein sieg der menschlichkeit

nachworte

hinausschreien

reden ist gold
schweigen ist feige
(Marius Müller-Westernhagen)

lasst uns hinausschreien
die ungerechtigkeiten dieser welt
und hoffen
dass man uns hört

gewalt

gewalt ist für den schwachen
jederzeit ein riese
(friedrich schiller, don carlos)

lasst uns zwerge sein
die sich den riesen nicht beugen

freiheit

*freiheit besteht darin
alles tun zu können
was einem anderen nicht schadet*
(Matthias Claudius)

freiheit bestand nie darin
nur tun zu dürfen
was einem anderen gefällt

träume vollbringen

es ist unglaublich
wieviel kraft die seele
dem körper zu verleihen mag
(Wilhelm von Humboldt)

nicht nur kraft
auch flügel
abzuheben damit und zu fliegen
in die welt der poesie
und träume zu vollbringen

wunsch

heiterkeit ist die mutter
der glücklichen einfälle
(Luc de Clapiers Vauvenarges)

wie sehr ich mir
glückliche einfälle
wünsche

zeit zu haben

es ist nicht wenig zeit
die wir haben
sondern es ist viel
die wir nicht nützen
(Seneca)

doch manchmal wünsche ich mir
die zeit
um die zeit
einfach
verstreichen zu lassen

träume

träume lassen hungrig aufwachen
(unbekannter Urheber)

und dennoch will ich
meine träume nicht missen

lieber hungern

herzensworte

*worte
die von herzen kommen
so sagt man
gehen zu herzen*

ich hoffe
meine worte haben
eure herzen erreicht

der autor

dr. phil. klaus sauerbeck
jahrgang 1958
verheiratet
drei kinder
promotion in pädagogik
und psychologie
rektor einer mittelschule
autor von rund 30 büchern
lebt in bayern
in burglengenfeld
nahe regensburg

bücher von klaus sauerbeck

Arbeitslehre 9
Praxisgerechte Anregungen für den Unterricht. Donauwörth 1988.

Geschichte 7
Praxisgerechte Anregungen für Den Unterricht. Donauwörth 1993.

sLem is a Radl
Texte in Oberpfälzer Mundart. Kallmünz 2004².

Die Berufsmotivation von Hauptschullehrern
Theoretische Grundlegung und empirische Untersuchung zur Berufsmotivation von Lehrkräften an Hauptschulen. Regensburg 1996.

Patschelchens Weihnachtsabenteuer
Kallmünz 2000.

Lust auf Schule
Mutmachbuch für Lehrer. Düren 2000².

Max und Moritz für die Schule
Möglichkeiten der praktischen Behandlung im täglichen Unterricht, im Planspiel, im Projekt. Donauwörth 2002.

Eine Bildung haben Sie vielleicht schon, aber einen Anstand haben Sie keinen
 Lauter lustige Lehrergeschichten: Was passiert, wenn Lehrer lernen? Kallmünz 2003.
Struwwelpeter für die Schule
 Möglichkeiten der praktischen Behandlung im täglichen Unterricht, im Planspiel, im Projekt. Donauwörth 2004.
Auer Deutschbuch 5 bis 10
 Ein kombiniertes Sprach- und Lesebuch. 6 Bände. Donauwörth 2004 – 2008.
Auer Deutschbuch 5 bis 10
 Lehrerhandbücher. 6 Bände. Donauwörth 2004 – 2008.
Der erzählende Adventskalender
 24 weihnachtliche Geschichten mit dem Englein Patschelchen. Stamsried 2006.
Kulinarisch durchs Kirchenjahr
 Kallmünz 2007.
Stille Nacht, heilige Nacht –
 Die Geschichte eines Liedes
 Holzgerlingen 2007.
Amazing Grace –
 Die Geschichte eines Liedes
 Holzgerlingen 2008.

Der Mond ist aufgegangen –
Die Geschichte eines Liedes
    Holzgerlingen 2009.
Elf Freunde bleiben am Ball
    Fußballgeschichen mit einem Vorwort von Uli Hoeneß. Witten 2009.
Manchmal werden Träume wahr
    Fußballgeschichten und Materialien zum Thema Werterziehung. Hemau 2011.
Hey, du alte Kanalratte
    Geschichten und Materialien für die Bereiche Deutsch/ Religion/ Ethik/ Sozialkunde. Hemau 2012.
Lesen, schreiben, beten -
Das Schülergebetbuch.
    Leipzig 2016.
Die Liebe lebt –
Das Familien-Weihnachtsbuch
    Norderstedt 2016.
lautlos lärmen gedanken – gedichte.
    Noderstedt 2017.

außerdem:

**Pepe Pulverfass –
Ein Piratenmusical für Kinder**
    Texte: K. Sauerbeck. Musik: H. Zaindl.
**Julius Jupiter –
Ein Weltraummusical für Kinder.**
    Texte: K. Sauerbeck/ S. Karl.
    Musik: H. Zaindl.
**St. Josefs-Messe –
Bayerische Mundartmesse.**
    Texte: K. Sauerbeck. Musik: H. Gaisa.
**Jesus, hey, ich grüße dich –
Eine Messe für Kinder**
    Texte: K. Sauerbeck.
    Musik: Hubert Zaindl.